Pasta + Gnocchi

klein & fein

a cook book

Die Originalausgabe erschien 2001 unter dem Titel
Petits Plats, Pâtes et Gnocchis bei Marabout, Paris.

Text, Rezept- und Umschlagfotos: Teubner Studio, Füssen
Layout: Marabout, Paris
Projektleitung: Marc Strittmatter
Produktion: Petra Roth
Übersetzung: Jens und Antje Bommel
Lektorat: Adriane Andreas
Satz und Herstellung: Renate Hausdorf
Umschlaggestaltung: Grafikhaus, München
Druck und Bindung: Sachsendruck GmbH, Plauen
Printed in Germany

ISBN 3-7742-5546-6

Pasta fresca

Wenn man eine Nudelmaschine besitzt, die beim Ausrollen und Zuschneiden gute Dienste leistet, ist die Zubereitung von »pasta fresca«, frischen Nudeln, kein großes Problem. Professionelle italienische »pastai« stellen jedoch »ihre« Pasta komplett von Hand her, nur mit einem Nudelholz, einem Brett und Geräten zum Zuschneiden ausgerüstet.

Die Formen

Frische Pasta findet man vor allem in Form von langen Bandnudeln oder als rechteckige Platten für Lasagne oder Cannelloni. Aber auch für »pasta ripiena«, gefüllte Nudeln, wie Ravioli, Agnolotti oder Tortellini braucht man die »sfoglia«, den dünn ausgerollten Pastateig. Aus ihr schneidet man Kreise, Quadrate oder Rechtecke aus, die man über der Füllung zusammenklappt. Andere Arten frischer Pasta kommen dagegen ganz ohne Zuschneiden aus, wie etwa Orecchiette. Für ihre Herstellung teilt man eine dünne Teigrolle in gleichmäßige kleine Portionen und formt jedes der Stücke, indem man es mit dem Daumen auf der Arbeitsfläche abrollt. Selbst Röhrennudeln wie Garganelli oder gedrehte wie Fusilli können von Hand frisch hergestellt werden: aus Teigstücken, die man um Holzstäbchen wickelt, oder aus dünnen Pastastreifen, die man spiralförmig um einen Kochlöffel dreht.

Pasta selbst gemacht

Außerhalb Italiens gibt es frische Pasta nur selten fertig zu kaufen. Da bleibt nur eines übrig: Selber machen. Und das ist, sofern man einige Grundregeln beachtet, auch nicht schwer. Neben dem richtigen Mehl, das entscheidend zum Gelingen der Pasta beiträgt, braucht man nur frische Eier, feinkörniges Salz und einen Löffel Olivenöl. Diesen Grundteig kann man für die meisten Pasta-Sorten verwenden. Alle Zutaten sollten gut temperiert sein, damit sie sich mühelos zu einem glatten, festen Teig verarbeiten lassen. Darum die Eier rechtzeitig aus dem Kühlschrank nehmen. Hilfreich sind für die Nudelherstellung außerdem: ein solides Backbrett aus Holz, ein langes Rundholz oder eine Nudelmaschine. Bietet die Küche nicht ausreichend Platz, um die fertige Pasta zum Antrocknen auszulegen, schafft ein italienischer Nudelständer aus Holz Abhilfe oder eine Eigenkonstruktion aus über zwei Stühle gelegten Kochlöffeln.

oder Pasta secca?

Getrocknete Pasta

Der überwiegende Teil getrockneter Pasta wird auch in Italien schon lange nicht mehr im eigenen Haushalt hergestellt, sondern industriell gefertigt. Es gibt sie in allen erdenklichen Formen, die man selbst gemachter Pasta nur mit Mühe geben könnte, und in Farben von Goldgelb über Tomatenrot und Dpinatgrün bis zu Sepiaschwarz. Einzig von »pasta ripiena«, gefüllter Pasta wie etwa Tortellini, als getrocknetem Fertigprodukt sollte man besser absehen.

Welche Form ist die richtige?

Italienische Köchinnen und Köche stehen selten vor der Wahl, welche der unglaublich vielen Nudelsorten sie zu welchem Gericht kochen sollen. Man weiß einfach, dass zu einem Hasenragout am besten breite Bandnudeln wie Pappardelle schmecken und dass man zu einer einfachen Olivenölsauce mit Knoblauch und Peperoncini Spaghetti reichen muss. Zu einem »ragù alla bolognese« gehören Tagliatelle, also schmale Bandnudeln, zu einer sämigen Tomaten- oder Gemüsesauce kurze dicke Röhrennudeln und zu einer gehaltvollen Sahnesauce passen beispielsweise Fusilli hervorragend. Verschiedene Pastaformen vermögen unterschiedlich viel »sugo« aufzunehmen – klar, dass Penne etwa mehr Fassungsvermögen haben als Spaghetti. Doch auch die Art der Oberfläche ist wichtig; weist sie feine Rillen auf – solche Pasta heißt »rigata« –, so haftet mehr Sauce an jeder Nudel als bei einer glatten Sorte, »liscia«. Und frische Eierpasta saugt mehr Sugo auf als fertig gekaufte Hartweizennudeln. Als Einlagen für Suppen dagegen bieten sich besonders die kleinen Formen an: etwa kurze runde Röhrennudeln wie Ditali oder kleine Buchstaben.

Frische Nudeln herstellen

Frischer Nudelteig

1 300 g Mehl auf eine Arbeitsplatte sieben, in die Mitte eine Mulde drücken, $^{1}/_{2}$ TL Salz, 3 Eier und 1 EL Olivenöl hineingeben.

2 Mit einer Gabel oder einem Löffel zunächst die Zutaten in der Mulde verrühren, dann ein wenig Mehl vom Rand her mit einrühren.

3 Weiter rühren und dabei immer mehr Mehl vom Rand mit aufnehmen, bis in der Mitte ein dickflüssiger Teig entstanden ist.

4 Den Mehlrand mit beiden Händen von außen nach innen vorsichtig über den dickflüssigen Teig verteilen.

5 Das Mehl zunächst unter den Teig drücken, dann mit beiden Händen vollständig einarbeiten.

6 Ist der Teig noch zu hart und bröckelig, ein wenig Wasser (1 EL) hinzufügen, damit das Mehl ganz aufgenommen wird.

7 Das zugefügte Wasser mit beiden Daumen vollständig einarbeiten. Der Teig sollte überall gleich feucht sein.

8 Jetzt beginnt das eigentliche Kneten. Den Teig mit den Handballen auseinander drücken und wieder zusammenlegen.

9 Kneten, bis ein glatter, fester Teig entstanden ist. In Folie einschlagen und den Teig etwa 1 Stunde kühl ruhen lassen.

Grüne Nudeln herstellen

Will man grüne Nudeln selbst machen, so wird nicht einfach, wie man vielleicht annehmen könnte, pürierter Spinat unter den Teig gemischt. Die Pasta würde dadurch viel zu feucht und ließe sich nur schlecht verarbeiten. Stattdessen stellt man eine »Spinatmatte« her. Dabei handelt es sich um das aus dem Spinat extrahierte Chlorophyll, das mit den Eiern in die Mehlmulde kommt. Die Weiterverarbeitung ist dann dieselbe wie bei heller Pasta.

Eine Spinatmatte herstellen

10 200 g geputzten Spinat nach und nach im Mixer fein pürieren.

11 Das Spinatpüree in ein Passiertuch geben und kräftig auspressen.

12 Spinatsaft auf 65 °C erhitzen und das sich oben absetzende Blattgrün mit einem Sieb abschöpfen. Für die Herstellung von grünen Nudeln nur dies Blattgrün zusammen mit den Eiern in die Mehlmulde geben.

Pasta schneiden

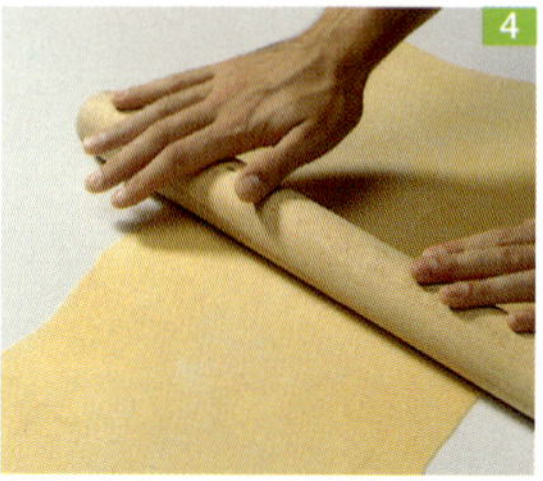

Pastateig mit der Nudelmaschine ausrollen

1 Die einzelnen Teigbahnen in mehreren Durchgängen bis zur gewünschten Stärke ausrollen, dabei die Walzen immer enger stellen

Pasta mit der Maschine schneiden

2 Pappardelle oder Lasagnette mit dem entsprechenden Vorsatz in 1,5 bis 2 cm breite Streifen schneiden, mit Mehl bestauben und zum Trocknen zu lockeren Nestern legen. Tagliatelle sind 5 mm und Fettuccine 6 bis 8 mm breit. Will man sie nicht sofort kochen, ebenfalls zu lockeren Nestern legen und etwas antrocknen lassen.

3 Tagliolini oder Taglierini sind sehr schmale Bandnudeln. Geschnitten werden sie mit dem entsprechenden Vorsatz in 2 bis 3 mm Breite.

Nudelteig von Hand ausrollen

4 Die Arbeitsfläche mit Mehl bestauben und darauf den Teig mit einem Nudelholz in beide Richtungen ausrollen.

Pasta von Hand schneiden

5 Für die verschiedenen Bandnudelsorten den Teig zunächst mit Mehl bestauben und dann zu mehrlagigen Streifen zusammenklappen.

6 Für Pappardelle und Lasagnette den Teig in 1,5 bis 2 cm breite Streifen schneiden. Sofort auseinander falten, damit sie nicht zusammenkleben.

7 Für Tagliatelle schneidet man den Teig in 5 mm breite Streifen. Fettuccine sind 6 bis 8 mm breit, sie werden auch Fettucce genannt.

8 Für dünne Bandnudeln den Teig nur 2 bis 3 mm breit schneiden. Dafür nicht zu viele Schichten Teig übereinander legen, da er sonst beim Schneiden gequetscht wird.

Nudeln kochen

Ein paar Grundregeln wollen beachtet sein, wenn es ums Pasta-Garen geht. Der Topf muss von guter Qualität sein, plan auf der Herdplatte aufliegen und vor allem groß genug sein – höher als sein Durchmesser.

1 Man braucht mindestens 1 l Wasser für 100 g Nudeln, ein $^{1}/_{4}$ l mehr ist noch besser. Nudeln brauchen nämlich während ihrer relativ kurzen Garzeit eine möglichst konstante Temperatur, die sich mit einer größeren Wassermenge leichter halten lässt.

2 Was das Salz anbelangt, so rechnet man mit 10 g Salz auf 1 l Wasser – das entspricht einem schwach gehäuften Teelöffel.

3 Olivenöl hingegen kommt nur in Ausnahmefällen mit ins Wasser, nämlich bei großen Teigfladen wie Lasagne oder auch bei frischen, dünnen Nudeln, die sonst zusammenkleben würden.

4 Bevor die Nudeln ins Wasser kommen, muss es auf jeden Fall sprudelnd kochen. Lange Sorten wie Spaghetti einlegen, kurze Nudeln auf einmal hineinschütten.

5 Kurz umrühren – stilecht mit einer Holzgabel – damit die Pasta von allen Seiten gut umspült wird und in der Anfangsphase nicht zusammenklebt.

6 Den Topf nun mit einem Deckel verschließen, damit das Salzwasser nach dem Einlegen der Nudeln möglichst schnell wieder kocht.

7 Ist dies der Fall, den Deckel entweder zu $^{1}/_{3}$ beiseite ziehen, damit der Dampf abziehen kann, oder aber die Pasta im offenen Topf fertig garen, wodurch sich der Kochvorgang genau überwachen lässt. Die Wasseroberfläche soll sich jetzt leicht kräuseln, aber nicht mehr sprudeln. Von Zeit zu Zeit umrühren.

8 Wann genau die Nudeln »al dente« sind und den richtigen Biss haben, lässt sich nur durch wiederholte Garproben feststellen. Der richtige Punkt ist dann erreicht, wenn sich die Pasta insgesamt weich anfühlt, beim Reinbeißen aber noch einen Widerstand spüren lässt.

9 Ist dies der Fall, schüttet man die Nudeln in ein Sieb und lässt sie ablaufen. Werden die Nudeln als Beilage verwendet, schreckt man sie mit kaltem Wasser ab, um den Garprozess zu stoppen und um die Stärke zu entfernen, die die Nudeln aneinander kleben lassen würde.

10 Vor dem Servieren übergießt man sie dann wieder mit ein wenig heißem (Koch-)Wasser.

Tomatensaucen

Das A und O für einen geschmacksintensiven »sugho« sind am Stock ausgereifte, aromatische Tomaten. Am besten eignen sich die länglichen Fleischtomaten. Außerhalb der Sommermonate empfiehlt es sich, zu italienischen Dosentomaten zu greifen, den »pelati«. In den beiden Stepfolgen auf dieser Seite findet sich einmal unten eine Sauce aus frischen Tomaten, die man nur im Sommer herstellen sollte, da das Tomaten-Aroma im Vordergrund steht und weder Zwiebeln noch Knoblauch hinzukommen. Hat man keine erstklassigen Tomaten zur Hand, empfiehlt sich stattdessen die zweite Variante: »la pommarola«. Diese pürierte Basissauce lässt sich für viele Sughi verwenden und hält sich einige Tage im Kühlschrank. In Italien werden die frischen Tomaten häufig zu einem solchen Sugho verarbeitet, in Gläser abgefüllt und dann sterilisiert, so dass man den ganzen Winter über einen entsprechenden Vorrat hat.

Sauce aus frischen Tomaten

1 Das Fruchtfleisch von 800 g vollreifen, geschälten Tomaten klein würfeln. 20 Basilikumblättchen waschen, gut abtropfen lassen und grob zerpflücken.

2 In einer Kasserolle 100 g Butter zerlassen oder Olivenöl erhitzen und die Tomatenwürfel darin kurz anschwitzen.

3 Einige Minuten köcheln lassen. Salzen und pfeffern, zuletzt das frische Basilikum einrühren und sofort servieren.

Tomaten-Basissauce zubereiten

4 800 g reife, gewaschene und vom Stielansatz befreite Eiertomaten mit einem scharfen Messer halbieren, vierteln und klein schneiden.

5 Tomaten in einen Topf geben und 50 g geputzte und klein gewürfelte Möhren hinzufügen. Wichtig ist, dass die Tomaten auf dem Topfboden liegen, da sie Wasser ziehen.

6 Je 100 g Zwiebel- und Stangenselleriewürfel zugeben, den Topf schließen. Alles bei niedriger Temperatur etwa 40 Minuten köcheln lassen.

7 Die weich gegarte Gemüsemischung portionsweise in ein grobmaschiges Sieb füllen und mit Hilfe eines Esslöffels durchpassieren.

8 Die Sauce ist relativ dünnflüssig, darum wird das am Sieb haftende Tomatenpüree mit in die Sauce gestreift. In eine Kasserolle umfüllen.

9 Erwärmen, mit 1 TL Salz und gemahlenem Pfeffer würzen. 4 EL natives Olivenöl extra löffelweise unterziehen. 1 EL gehacktes Basilikum einrühren und zur Aufbewahrung in Gläser umfüllen.

Bologneser Fleischsauce

Zutaten
200 g Karotten, 160 g Stangensellerie
200 g Zwiebeln, 2 Knoblauchzehen
200 g Parmaschinken am Stück
800 g frische Tomaten, 800 g Tomaten aus der Dose (Pelati)
300 g Rind- und 200 g Schweinefleisch von der Schulter
4 EL Olivenöl, 4 EL gehackte Petersilie
80 g Butter, 6 EL Tomatenmark
$^{1}/_{2}$ l Fleischbrühe, 1 TL Salz, frisch gemahlener Pfeffer
$^{1}/_{2}$ TL Zucker nach Belieben

Die Möhren schälen, Stangensellerie putzen und beides fein würfeln. Zwiebeln und Knoblauch schälen, fein hacken. Parmaschinken klein würfeln. Die frischen Tomaten blanchieren, häuten, Stielansatz und die Samen entfernen und das Fruchtfleisch würfeln. Die Pelati ebenfalls würfeln, durchpassieren und beiseite stellen. Rind- und Schweinefleisch durch den Fleischwolf drehen. Das Öl erhitzen, die Möhren darin anschwitzen und weiterverfahren, wie unten gezeigt.

1 Die Zwiebeln und die Knoblauchzehen zu den Möhren geben und unter Rühren anschwitzen.

2 Die Selleriewürfel einrühren, anschließend die gehackte Petersilie zufügen und einige Minuten anschwitzen.

3 Beide Hackfleischsorten zufügen und unter ständigem Rühren anbraten, bis das Fleisch krümelig zerfällt.

4 Den gewürfelten Schinken zu der Hackfleisch-Gemüse-Mischung geben und unter Rühren 5 Minuten mitbraten.

5 Die Hälfte der Butter zugeben; dann die frischen, in kleine Würfel geschnittenen Tomaten zufügen.

6 Darauf die passierten Pelati geben, alles gut durchrühren und im offenen Topf kurz köcheln lassen.

7 Das Tomatenmark löffelweise zugeben, sorgfältig einrühren und alles noch etwas einkochen lassen.

8 Mit der Fleischbrühe aufgießen, würzen und 1 Stunde schmoren, dabei den Deckel einen Spalt offen lassen.

Pesto und Co.

Weniger um Saucen im eigentlichen Sinne geht es hier, als vielmehr um würzige Pasten, die im Übrigen stets kalt unter die heißen Nudeln gehoben werden. Mal würzen Kräuter oder Oliven, mal bringt Käse die pikante Note. Die Pasten können so kompakt sein, dass man sie unter Umständen erst mit einigen Löffeln Nudel-Kochwasser verrühren muss, um eine saucenartige Konsistenz zu erzielen.

1 Den Knoblauch grob hacken und mit den Pinienkernen im Mörser zerstoßen. Basilikum zugeben, alles fein zerreiben.

2 Den geriebenen Käse nach und nach zufügen und jeweils sorgfältig einarbeiten. Pfeffern, bei Bedarf salzen.

3 Das Öl wie bei Mayonnaise in feinem Strahl einlaufen lassen und dabei gut mit der Kräutermischung verrühren.

Pesto genovese

Will man Pesto länger aufbewahren, sollte man den geriebenen Käse zunächst weglassen und erst kurz vor dem Servieren über die Nudeln geben.

Zutaten
4 geschälte Knoblauchzehen
50 g Pinienkerne
120 g frische Basilikumblätter, in feine Streifen geschnitten
50 g frisch geriebener Pecorino
80 g frisch geriebener Parmesan
Pfeffer, Salz nach Belieben
125 bis 150 ml natives Olivenöl extra

Olivenpaste

Die hier gezeigte Olivenpaste, die in der Provence unter dem Namen »tapenade« bekannt ist, kann nicht nur als schmackhafte Sauce für Pastagerichte, sondern auch unverdünnt als würziger Aufstrich für »bruschette«, geröstete Brotscheiben, dienen. Man braucht dafür nicht viele Zutaten, nur Oliven, ein paar Knoblauchzehen und Sardellenfilets – und fertig ist eine der köstlichsten Würzsaucen aus dem mediterranen Raum. Lediglich für die Herstellung des Knoblauchöls braucht man ein wenig Geduld, da dieses vor der Weiterverarbeitung etwas abkühlen sollte.

Zutaten
3 Knoblauchzehen
1/8 l natives Olivenöl extra
100 g schwarze Oliven
2 Sardellenfilets
Salz
frisch gemahlener Pfeffer

1 Die fein gehackten Knoblauchzehen in der Hälfte des Öls anschwitzen. Das Öl durch ein Sieb passieren und abkühlen lassen.

2 Die Oliven entsteinen und hacken, Sardellen klein schneiden. Alles mit dem restlichen Öl im Mörser zu einer feinen Paste zerreiben.

3 Das abgekühlte Knoblauchöl nach und nach unter die Oliven-Sardellen-Mischung rühren. Die Paste mit Salz und Pfeffer würzen.

Sauce Mornay

Überzieht man die Pasta mit einer Béchamelsauce, entsteht beim Überbacken im Ofen – zusammen mit dem auf der Oberfläche schmelzenden Käse – eine zarte, goldbraune Kruste. Lässt man den Käse schon vorher in der Béchamelsauce schmelzen, erhält man eine »Sauce Mornay«, eine Käsesauce. In unserem Beispiel ist sie mit zwei Käsesorten bereitet, mit Fontina für die Cremigkeit und mit Parmesan für den Geschmack. Man kann die Sauce auch mit nur einer Käsesorte zubereiten, doch dann sollte es kein Extrahartkäse, wie Parmesan, sein, da sie sonst nicht die gewünschte Cremigkeit erhält.

Für die Béchamelsauce
25 g Butter
30 g Mehl
1/2 l Milch
weißer Pfeffer, Salz
frisch geriebene Muskatnuss
1 Eigelb
100 ml Sahne
Außerdem
30 g frisch geriebener Parmesan
30 g frisch geriebener Fontina
1 bis 2 EL geschlagene Sahne

4 Die Butter in einer Kasserolle zerlassen und das Mehl darin unter Rühren 1 bis 2 Minuten farblos anschwitzen.

5 Die Milch zugießen und mit der Mehl-Butter-Mischung glatt rühren. Würzen, unter Rühren 20 Minuten köcheln.

6 Eigelb und Sahne verquirlen. Die Kasserolle vom Herd nehmen und die Sauce mit der Mischung legieren.

7 Die Sauce einmal kräftig aufkochen lassen. Durch ein Sieb gießen und noch einmal erwärmen.

8 Parmesan und Fontina unter Rühren in der Sauce schmelzen lassen. Zum Schluss die Sahne unterheben.

Käse und Pasta

Einen Teller Pasta als »primo« ohne »formaggio«? Fast undenkbar. Eigentlich verzichtet man in Italien nur dann darauf, wenn die Sauce mit Meeresfrüchten zubereitet wurde. Um Käse mit Pasta zu kombinieren, kennt man in Italien viele Möglichkeiten – entweder wird er darüber gerieben, so dass er die Nudeln gleichmäßig würzt; oder in hauchdünne Späne gehobelt, um als geschmacklicher Kontrapunkt erhalten zu bleiben; oder man lässt ihn sanft in der Sauce schmelzen.

Besonders spektakulär ist eine Servierweise, die in italienischen Restaurants manchmal vor den Augen der Gäste zelebriert wird: Ein ausgehöhlter Laib Parmesan wird mit hochprozentigem Schnaps ausgepinselt, den man sofort entzündet und ausbrennen lässt, bis der Käse an der Oberfläche schmilzt. Dann kommen die vorbereiteten, heißen Nudeln hinein, die man so lange in der »Parmesanwanne« wendet, bis die Pasta ganz von geschmolzenem Käse überzogen ist.

Grana padano, Grana trentino

»Extrahart« nennt man die drei italienischen Käsesorten, die unter dem Überbegriff »Grana«, Korn, zusammengefasst werden: Parmigiano reggiano, Grana padano und Grana trentino. Die Herstellung sowie das Ergebnis sind bei allen drei Sorten sehr ähnlich: ein besonders harter Käse, dessen Laib eine leicht körnige Struktur und, wenn überhaupt, nur wenige, kleine Löcher aufweist. Man bricht sie am besten mit einem stabilen, spatelförmigen Messer in Stücke. Die Bruchstücke weisen dann eine charakteristische, blättrige Struktur auf.

Parmigiano reggiano

Er ist der berühmteste aus der Gruppe der Extraharten, der echte Parmigiano; sein Innerstes ist strohgelb, und in seine Rinde ist mit der charakteristischen punktierten Schrift der Name ringsum eingestichelt. Er wird im Stück verkauft und erst, wenn man ihn braucht, fein gerieben oder in dünne Späne gehobelt. Er ist ein reiner Kuhmilchkäse und die Kühe, deren Milch für Parmigiano verwendet wird, dürfen ausschließlich mit Gras oder allenfalls mit Heu gefüttert werden. Der Name Parmigiano reggiano ist eine geschützte Ursprungsbezeichnung; ihn tragen nur Käse, die aus einem genau begrenzten Gebiet zwischen den Städten Parma, Mantua, Reggio Emilia und Bologna stammen.

Pecorino – Käse vom Schaf

Nicht immer wird ein Pecorino aus reiner Schafmilch hergestellt, bei manchen Sorten setzt man auch geringe Anteile Ziegen- oder Kuhmilch zu. Auch werden unterschiedliche Labsorten verwendet, um die Milch stocken zu lassen. Mal nimmt man Kälber-, mal Lämmer-, mal Zickleinlab, und bei manchen Sorten, den »cacio fiore«, die insbesondere in Sardinien und Latium hergestellt werden, verwendet man einen Extrakt aus Artischockenblüten. Eine Besonderheit ist »pecorino canestrato«, bei dem der Käsebruch zum Abtropfen in einen Korb aus Schilfrohr gefüllt wird, dessen Geflecht sich dann auf der Außenseite des Käses einprägt.

Mozzarella, Provolone & Co.

Die gebrühten Knetkäse Italiens werden als »formaggi a pasta filata« bezeichnet, also als »Käse mit gezogenem Teig«. Die bekanntesten unter ihnen sind Mozzarella, Caciocavallo und Provolone. Allen gemeinsam ist die typische Teigstruktur, sonst können sie jedoch sehr verscheiden sein: Je nach Sorte kommen sie frisch oder gereift, weich oder fest, geräuchert oder ungeräuchert auf den Markt.

1 Grana trentino
2 Provolone
3 Pecorino canestrato
4 Mozzarella

5 Montasio fresco
6 Ricotta
7 Fontina
8 Gorgonzola
9 Pecorino toscano

Fontina

Dieser Halbhartkäse ist ein im Aostatal hergestellter Rohmilchkäse mit kontrollierter Herkunftsbezeichnung. Sein Teig weist kleine Löcher auf, und seine Reifezeit ist erheblich kürzer als die von Hartkäse. Er hat ein würziges, angenehm mildes Aroma und eignet sich gut zum Kochen, da er sehr leicht schmilzt. Fontal ist ein nach Fontina-Art hergestellter Käse aus pasteurisierter Milch. Es handelt sich bei ihm um einen milden Tafelkäse mit weißem bis strohgelbem Teig und mindestens 45 % Fett i. T.

Ricotta

Ricotta bedeutet »noch einmal gekocht«, und genau das ist das Prinzip bei der Ricotta-Herstellung. Denn aus der bei der Käseherstellung übrig gebliebenen Molke wird durch Erwärmen die Ricotta gewonnen, und zwar durch Ausfällen des in der Molke enthaltenen Eiweißes. Ricotta gibt es aus der Molke von Kuhmilch- und Schafmilchkäse (Ricotta di pecora). Die Ricotta di pecora kann man in drei weitere Typen unterteilen: »Tipo dolce« ist weder gesalzen noch gereift, »tipo moliterno« ist etwas fester und gesalzen, und der vor allem in Apulien bekannte »tipo forte« zudem einige Zeit in Holzbehältern gereift.

Gnocchetti

Für den Kartoffelteig
600 bis 700 g mehlig kochende Kartoffeln
250 g Mehl
100 g Grieß
1 Eigelb
Salz
Für den Tomatensugo
700 g Tomaten
60 g Schalotten
1 Knoblauchzehe
100 ml Olivenöl
1 Rosmarinzweig
1 EL gehacktes Basilikum
1 TL Salz, frisch gemahlener Pfeffer

Die Kartoffeln waschen, in Alufolie wickeln und bei 200 °C im vorgeheizten Ofen 1 Stunde garen. Herausnehmen und pellen, solange sie noch heiß sind. Den Kartoffelteig zubereiten und die Gnocchetti formen, wie in der Bildfolge unten beschrieben. Die Gnocchetti in sprudelnd kochendes Salzwasser einlegen und bei reduzierter Hitze ziehen lassen. Sobald sie an die Oberfläche steigen, abschöpfen und warm stellen. In der Zwischenzeit die Tomaten für den Sugo blanchieren, häuten, vierteln, Samen und Stielansatz entfernen und das Fruchtfleisch in kleine Würfel schneiden. Die Schalotten und die Knoblauchzehe schälen und fein hacken. Das Olivenöl in einer Kasserolle erhitzen, die Schalotten und den Knoblauch darin hell anschwitzen. Die Tomatenwürfel, Rosmarin und Basilikum kurz mitschwitzen. Mit Salz und Pfeffer würzen. Die Gnocchetti auf vorgewärmten Tellern anrichten, die Tomatensauce darüber gießen und servieren.

1 Das Mehl auf eine Arbeitsfläche häufen, in die Mitte eine Mulde drücken, Grieß, Salz und Eigelb hineingeben. Die warmen Kartoffeln mit Hilfe einer Kartoffelpresse kranzförmig auf den Mehlrand drücken.

2 Alles zu einem glatten Teig verkneten. Kurz ruhen lassen.

3 Zu dünnen Strängen von etwa 5 mm Dicke rollen und mit Mehl bestauben.

4 Von den Strängen 1 cm lange Stücke abschneiden.

Bucatini ai carciofi

Bucatini sehen wie dicke Spaghetti aus, nur dass sie in der Mitte ein Loch haben. Dadurch lassen sie sich leichter kochen beziehungsweise werden früher gar. Neben guten Artischocken sollte es für dieses Gericht ein hervorragendes Öl sein, also ein Olio di oliva extra vergine – hierzulande als natives Olivenöl extra bezeichnet.

Zutaten
300 g Bucatini
Für die Artischocken
12 kleine Artischocken, Saft von 1 Zitrone
1/2 TL Salz
Für die Tomatensauce
600 g Tomaten, 80 g Zwiebeln
1 Knoblauchzehe, 60 g Möhre
60 g Stangensellerie
2 EL Olivenöl
1/8 l Gemüsebrühe
Salz, frisch gemahlener Pfeffer
Außerdem
frische Thymianblättchen

Den Stiel der Artischocken direkt unter dem Blütenansatz abschneiden, die kleinen, harten Blätter rund um den Stielansatz wegzupfen. Die Spitzen der verbleibenden Blätter mit einer Küchenschere und die Spitze jeder Artischocke mit einem scharfen Messer abschneiden. Die Artischocken erst halbieren und das Heu mit einem Löffel herausholen, dann vierteln und sofort in eine Schüssel mit Wasser und dem Saft von 1/2 Zitrone legen.

Zum Kochen alle Artischockenviertel in einem Topf mit Wasser gerade bedecken. Restlichen Saft und Salz zufügen. Artischocken etwa 15 Minuten kochen.

Für die Sauce die Tomaten blanchieren, häuten, vierteln, Stielansätze und Samen entfernen und das Fruchtfleisch klein würfeln. Die Zwiebeln und die Knoblauchzehen schälen und hacken. Die Möhre und den Sellerie putzen und fein würfeln. Öl erhitzen und Zwiebel- sowie Knoblauchwürfel darin anschwitzen. Die Gemüsewürfel zugeben und kurz andünsten. Die Brühe angießen, salzen, pfeffern, 10 Minuten leise köcheln lassen. Die Bucatini in Salzwasser al dente kochen und abseihen. Die Artischocken aus ihrem Sud heben und unter die Sauce mischen. Die Nudeln mit der Sauce anrichten und mit Thymian bestreuen.

Spaghettini
mit Kapernsauce

Zutaten
40 g Kapern, in Salz eingelegt
80 g schwarze Oliven
2 Knoblauchzehen
30 g Schalotten
12 Sardellenfilets, in Salz eingelegt
500 g Flaschentomaten
2 große rote Peperoncini
6 EL Olivenöl
1 TL Salz
400 g Spaghettini
Außerdem
60 g frisch gehobelter reifer Pecorino

Die Kapern in ein Sieb geben und das Salz abschütteln. Die Oliven entsteinen und zusammen mit den Kapern fein hacken. Die Knoblauchzehen und die Schalotten schälen und beides sehr fein hacken. Die Sardellenfilets einige Minuten wässern und klein schneiden. Die Tomaten blanchieren, häuten, Stielansatz und Samen entfernen und das Fruchtfleisch in kleine Würfel schneiden. Die Peperoncini von Stielansatz, Samen und Scheidewänden befreien und fein hacken.

Das Olivenöl in einer Pfanne erhitzen und Knoblauch sowie Schalotten darin hell anschwitzen. Kapern, Oliven und Sardellen zufügen und 2 bis 3 Minuten unter ständigem Rühren mitschwitzen. Tomaten und Peperoncini zufügen und alles zusammen weitere 15 Minuten schmoren.

Inzwischen die Spaghettini in sprudelndem, leicht gesalzenem Wasser al dente kochen. Das Wasser abgießen, die Nudeln abtropfen lassen und mit der Sauce vermischen. In vorgewärmte Teller verteilen, die Spaghettini mit gehobeltem Pecorino bestreuen und sofort servieren.

Nur gesalzene Kapern eignen sich für diese Sauce, denn alle in Essig eingelegten Kapern würden den Charakter des Gerichts völlig verfälschen.

Spaghetti carbonara

Traditionell wird für dieses Gericht »guanciale«, eine gepökelte und eventuell leicht geräucherte Schweinebacke verwendet. Aber selbstverständlich kann guanciale auch durch würzigere Pancetta (Speck) oder Bacon ersetzt werden.

Zutaten
400 g Spaghetti
180 g Pancetta (Speck)
1 Knoblauchzehe
2 EL Olivenöl
4 Eier
80 g frisch geriebener Parmesan
Salz nach Belieben, frisch gemahlener Pfeffer
2 EL gehackte Petersilie nach Belieben

Den Speck in kleine Würfel schneiden. Die ungeschälte Knoblauchzehe mit der breiten Seite der Messerklinge etwas andrücken, so dass die Schale etwas aufplatzt, und weiterverfahren, wie in der Bildfolge unten gezeigt.
In der Zwischenzeit für die Spaghetti schwach gesalzenes Wasser in einem entsprechend großen Topf zum Kochen bringen, die Spaghetti einlegen und in 8 bis 10 Minuten al dente kochen. Das Wasser abgießen und die Nudeln in einem Sieb abtropfen lassen. Das Gericht fertig stellen, wie im Bild oben rechts gezeigt. Nachdem die Eier untergerührt sind, die Spaghetti carbonara in vorgewärmten Tellern sofort servieren.

1 Das Olivenöl in einem Topf erhitzen und die Pancetta sowie den Knoblauch darin anbraten, bis der Speck knusprig gebräunt ist.

2 In einer entsprechend großen Schüssel die Eier und den Käse mit einem Schneebesen kräftig aufschlagen. Mit Salz und Pfeffer würzen.

3 Die Spaghetti mit Speck und Petersilie vermengen. Den Topf vom Herd nehmen, die Eimasse darüber gießen, gut unterrühren und servieren.

Penne all'arrabiata

Zutaten

100 g Pancetta oder durchwachsener Brustspeck
500 g reife Tomaten
2 Knoblauchzehen
10 g Butter
70 g Zwiebel
2 rote Peperoncini
Salz, frisch gemahlener weißer Pfeffer
400 g Penne rigate
1 kleiner Bund glatte Petersilie, in dünne Streifen geschnitten
50 g frisch geriebener Parmesan

Die Pancetta in feine Streifen schneiden. Die Tomaten blanchieren, häuten, in Stücke schneiden und das Fruchtfleisch durch ein Sieb streichen. Den Knoblauch schälen und in feine Scheibchen schneiden. In einem großen Topf ausreichend Salzwasser zum Kochen bringen und die Nudeln darin in etwa 8 Minuten al dente garen.

Inzwischen die Sauce fertig stellen: Dafür die Butter in einer Pfanne zerlassen, Zwiebeln, Knoblauch sowie die ganzen Peperoncini darin kurz anschwitzen. Die passierten Tomaten einrühren, bei geringer Hitze kurz köcheln lassen, salzen und pfeffern. Die Nudeln abgießen, mit der Sauce vermischen, dabei die Peperoncini herausfischen. Die Penne mit Parmesan und Petersilie bestreut servieren.

Spaghetti alla chitarra

Diese Spaghetti mit quadratischem statt rundem Querschnitt werden auf einem speziellen Schneidegerät hergestellt, der »chitarra«, nach dem sie auch benannt sind. Wer diese Sorte Spaghetti frisch zubereiten möchte und kein solches Gerät besitzt, kann sie mit dem Messer schneiden. Für einige Nudelmaschinen gibt es auch einen entsprechenden Aufsatz. Die »spaghetti alla chitarra« sind jedoch auch getrocknet im Handel erhältlich.

Die »chitarra« ist ein mit Drähten bespannter Holzrahmen, die an die Saiten einer Gitarre erinnern. Die Teigplatte wird auf diese Drähte gelegt und mit einem Nudelholz durchgerollt.

Zutaten
400 g Spaghetti alla chitarra, Salz
Für die Sauce
1 kg reife Fleischtomaten
Salz, frisch gemahlener Pfeffer
200 g Pancetta (Speck)
40 g Zwiebel
4 EL Olivenöl
Außerdem
100 g frisch geriebener Pecorino
30 kleine Basilikumblätter

Für die Sauce die Tomaten in kochendem Salzwasser blanchieren, abschrecken und häuten. Die Samen und Stielansätze entfernen und das Fruchtfleisch in feine Würfel schneiden. Den Speck zunächst in Scheiben und dann in kurze Streifen schneiden. Die Zwiebel schälen und in Ringe schneiden.

Das Olivenöl in einem Topf erhitzen und die Speckwürfel sowie die Zwiebelringe darin leicht Farbe annehmen lassen. Die Tomatenwürfel zugeben. Die Hitze reduzieren und alles zunächst 15 Minuten im geschlossenen Topf garen. Den Deckel abnehmen und die Sauce weitere 45 Minuten offen köcheln lassen. Mit Salz und Pfeffer würzen.

Die Spaghetti in sprudelnd kochendem Salzwasser in 8 bis 10 Minuten al dente garen. Abgießen und sofort mit einem Teil der Sauce vermischen. Die Nudeln auf vorgewärmte Teller verteilen und mit der restlichen Sauce anrichten. Mit dem geriebenen Pecorino bestreuen und mit Basilikumblättchen garniert servieren.

Spaghetti aglio, olio e peperoncino

Zutaten
500 g Spaghetti
3 Knoblauchzehen
1 EL glatte Petersilie
60 ml Olivenöl
1 getrockneter Peperoncino
Salz, frisch gemahlener weißer Pfeffer
Parmesan nach Belieben

Die Spaghetti in ausreichend kochendem Salzwasser in 8 bis 10 Minuten al dente garen. Inzwischen den Knoblauch schälen und halbieren. Die Petersilie fein schneiden.

Das Öl in einer großen Pfanne erhitzen und den Knoblauch sowie den Peperoncino darin bei geringer Hitze anschwitzen. Die Spaghetti abgießen und gut abtropfen lassen. Knoblauch und Peperoncino aus dem Öl nehmen, die Petersilie einstreuen und mit den Spaghetti vermischen. Alles gut vermengen und die Pasta mit Salz und Pfeffer würzen.

Die Spaghetti in vorgewärmte Teller verteilen, nach Belieben mit etwas frisch geriebenem Parmesan bestreuen und mit Knoblauch und Peperoncino garniert servieren.

Pansooti mit Walnuss-Sauce

Die Pansooti stammen aus der Küstenprovinz Ligurien, wo man die gefüllten dreieckigen Teigtaschen in vielen Variationen zubereitet. Der Teig wird dort aus Hartweizengrieß und Weizenmehl oder nur aus Weizenmehl sowie Eiern und Salz hergestellt. Das Rezept reicht für etwa 60 Stück.

Für den Teig
125 g Hartweizengrieß, möglichst fein
125 g Weizenmehl Type 405
2 Eier, 1 Eigelb, 1/3 TL Salz
Für die Kräuterfüllung
125 g gemischte Kräuter (Petersilie, Salbei, Thymian)
125 g Basilikum, 60 g Borretsch, 1 Knoblauchzehe
Salz, frisch gemahlener Pfeffer, 1 Ei, 60 g Ricotta
25 g frisch geriebener Parmesan
Für die Walnusssauce
40 g Weißbrotbrösel, 125 g gehäutete Walnusskerne
4 ml Olivenöl, 60 ml Sahne, Salz nach Belieben
Außerdem
1 Eiweiß, etwas gebräunte Butter, 80 g frisch geriebener Parmesan
1 EL gehackte Kräuter (Petersilie, Basilikum, Thymian, Salbei)

Für den Teig den Grieß und das gesiebte Mehl auf eine Arbeitsfläche häufen und in die Mitte eine Mulde drücken. Eier, Eigelb und Salz hineingeben und die Zutaten mit einer Gabel verrühren, dabei immer mehr Mehl vom Rand her unterrühren, bis ein dickflüssiger Teig entsteht. Nun mit beiden Händen das restliche Mehl einarbeiten und kneten, bis der Teig glatt und fest ist. Zu einer Kugel formen, in Folie einschlagen und etwa 1 Stunde im Kühlschrank ruhen lassen.
Für die Füllung die Kräuter waschen, trocknen und blanchieren. Abschrecken, gut ausdrücken und sehr fein hacken. Knoblauch schälen, sehr fein hacken. Kräuter und Knoblauch mit Ei, Ricotta und geriebenem Parmesan vermischen, salzen und pfeffern. Alles im Mixer kurz pürieren und bis zur weiteren Verwendung beiseite stellen. Für die Walnuss-Sauce die Brotbrösel in 1 EL Wasser einweichen, gut ausdrücken und mit den grob zerstoßenen Walnüssen im Mixer fein pürieren. In eine Schüssel geben und abwechselnd Öl und Sahne einarbeiten, bis eine homogene Masse entstanden ist.
Den Teig dünn ausrollen, Quadrate von 6 × 6 cm ausschneiden. Auf jedes 1 TL Füllung setzen und die Ränder mit Eiweiß bestreichen. Die Quadrate zu Dreiecken falten und die Ränder gut zusammendrücken. Die Pansooti in sprudelndem Salzwasser 6 bis 8 Minuten garen, herausheben und abtropfen lassen. Auf vorgewärmten Tellern anrichten, mit gebräunter Butter beträufeln und mit Kräutern bestreuen. Mit der Walnuss-Sauce und geriebenem Parmesan servieren.

Tagliatelle mit Meeresfrüchten

Dank einer ausgefeilten Logistik ist die Versorgung mit frischem Fisch auch im Inland kein Problem mehr. Garnelen und Calamari, die man für dieses Rezept braucht, kann man in Fischgeschäften in guter Qualität kaufen. Wer dennoch keine frischen bekommen kann, verwendet am besten tiefgekühlte Ware. Und was die Tagliatelle angeht, so gilt hier dasselbe: Frische schmecken natürlich besser. Dazu siehe das Grundrezept auf Seite 10.

Zutaten
300 g Calamari
8 rohe, geschälte Garnelen
500 g Tomaten
40 g Schalotten
1 Knoblauchzehe
4 EL Olivenöl
$^{1}/_{2}$ TL Salz, frisch gemahlener Pfeffer
1 EL gehackte Kräuter (Basilikum, Thymian, Petersilie)
350 g Tagliatelle, 1 EL Butter
12 schwarze Oliven

Die Calamari waschen und jeweils die Haut abziehen. Die Fangarme oder Tentakel mit den Eingeweiden aus dem Körperbeutel ziehen. Knapp über den Augen so abschneiden, dass sie durch einen schmalen Ring miteinander verbunden bleiben. Die Kauwerkzeuge sowie das Fischbein entfernen und die Körper innen auswaschen. Die Tentakel und Körper kurz in kochendem Salzwasser anziehen lassen. Die Körper in etwa 1 cm breite Ringe schneiden, die Fangarme ganz lassen.
Für die Sauce die Tomaten blanchieren, abschrecken, häuten und halbieren. Stielansatz und Samen entfernen, das Fruchtfleisch klein würfeln. Schalotten und Knoblauch schälen und beides sehr fein hacken. Das Olivenöl in einer Kasserolle erhitzen, Schalotten und Knoblauch hell anschwitzen. Die Tomatenwürfel zugeben, salzen und pfeffern. Die Kräuter unterrühren und etwa 5 Minuten mitschwitzen.
In der Zwischenzeit in einem großen Topf ausreichend Salzwasser zum Kochen bringen und die Tagliatelle darin al dente garen.
Die Butter in einer großen Pfanne zerlassen und die Garnelen und Calamari darin kurz anbraten. Die Oliven zu den gewürzten Tomaten geben.
Die Nudeln abgießen, abschrecken und abtropfen lassen. Mit den Garnelen und Calamarei sowie den gewürzten Tomaten vermischen. In vorgewärmte Teller verteilen und sofort servieren.

Cannelloni
mit Pilzfüllung

Für den Teig
70 g Hartweizengrieß, 70 g Weizenmehl Type 405
1 Ei, 1 Eigelb, Salz
Für die Füllung
80 g Zwiebeln, 1 Knoblauchzehe, 300 g gemischte Waldpilze
100 g geputzter Spinat
40 g fein gewürfelter Lauch, 1 Stange Lauch
30 g Butter, 100 ml Sahne,
1/2 TL Salz, frisch gemahlener weißer Pfeffer
Für die Sauce
250 ml Sahne, 1 Eigelb
Salz, frisch gemahlener weißer Pfeffer, 1 EL gehackte Petersilie
Außerdem
4 feuerfeste Förmchen, Butter für die Förmchen

Für den Nudelteig Grieß und Mehl vermischen und mit den restlichen Zutaten zu einem glatten Teig verkneten. In Folie für 1 Stunde im Kühlschrank ruhen lassen. Zwiebeln und Knoblauch schälen und fein hacken. Die Pilze sorgfältig putzen und in kleine Würfel schneiden. Spinat waschen, gut abtropfen lassen und fein hacken.
Die Butter in einer Pfanne zerlassen, Zwiebeln und Knoblauch darin glasig anschwitzen. Die Pilze 3 Minuten mitbraten, den Spinat und den gewürfelten Lauch zufügen und durchschwenken. Sahne angießen, salzen und pfeffern, 3 bis 4 Minuten einkochen lassen. Die Mischung vom Herd nehmen und auskühlen lassen.

Die Lauchstange putzen und vom unteren, hellen Teil ein etwa 12 cm langes Stück abschneiden. Von diesem vorsichtig 8 Blätter lösen und in siedendem Salzwasser 4 Minuten kochen. Herausnehmen, abschrecken und abtropfen lassen. Den Teig auf einer bemehlten Arbeitsfläche dünn ausrollen und 8 Rechtecke von 9 × 14 cm ausschneiden. Diese in sprudelnd kochendem Salzwasser 2 Minuten garen, aus dem Wasser nehmen und auf einem feuchten Küchentuch ausbreiten. Jedes Teigstück mit einem Lauchblatt belegen, die Pilzfüllung darauf verteilen und zu Cannelloni aufrollen.

Für die Sauce die Sahne in einen Topf gießen und so lange köcheln, bis die Flüssigkeit um 1/3 reduziert ist. In einer kleinen Schüssel das Eigelb verquirlen und 1 EL heiße Sahne unterrühren. Die Mischung mit der heißen Sahne vermengen, dabei darf die Sauce nicht mehr kochen. Salzen und pfeffern und die gehackte Petersilie einstreuen. Je zwei Cannelloni in ein gebuttertes Förmchen legen, mit der Sauce übergießen und bei 200 °C im vorgeheizten Ofen 12 Minuten backen. Die letzte Minute unter den Grill stellen, um die Oberfläche zu bräunen.

Steinpilznudeln

Die geschmacksintensiven getrockneten Steinpilze sind ein idealer Aromageber für Nudeln. Dazu mengt man sie als zerstoßenes Pulver mit in den Teig. Um den Pilzgeschmack noch zu steigern, gibt es einen einfachen Trick: Man kocht in dem Nudelwasser vorher eine Handvoll getrocknete Steinpilze aus.

Für den Steinpilznudelteig
250 g Mehl
2 Eier, 1 Eigelb
$^{1}/_{2}$ TL Salz, 2 EL Öl
10 getrocknete Steinpilze, im Mörser zerstoßen
1 EL sehr fein gehackte Petersilie
Wasser nach Bedarf
Für die Tomatensauce
600 g reife Tomaten
80 g Schalotten, 8 mittelgroße Salbeiblätter
125 g Butter, $^{1}/_{2}$ TL Salz
Außerdem
100 g frisch gehobelter Parmesan

Für den Teig das Mehl auf eine Arbeitsfläche häufen, in die Mitte eine Mulde drücken. Eier, Eigelb, Salz, Öl, die zerstoßenen Pilze und Petersilie hineingeben. Zunächst mit einer Gabel verrühren, dann alles mit den Händen zu einem glatten Teig verkneten. Bei Bedarf noch etwas Wasser einarbeiten, in Folie wickeln und 1 Stunde ruhen lassen.
Für die Sauce die Tomaten blanchieren, häuten, halbieren, Stielansatz und Samen entfernen, das Fruchtfleisch grob würfeln. Schalotten schälen und fein hacken. Salbeiblätter waschen, trocknen und in Streifen schneiden.
Die Butter in einem Topf zerlassen und die Zwiebelwürfel darin glasig anschwitzen. Die Tomatenwürfel 10 Minuten mitdünsten. Zum Schluss den Salbei unterrühren, salzen und die Tomatensauce vom Herd stellen.
Den Teig auf einer bemehlten Arbeitsfläche ausrollen, in Streifen schneiden und diese in einer Nudelmaschine in mehreren Durchgängen auf die gewünschte Stärke ausrollen. Mit dem Lasagnette-Vorsatz in 1 cm breite Streifen schneiden. Auf ein leicht bemehltes Tuch legen und etwas antrocknen lassen.
Die Steinpilznudeln in sprudelndem Salzwasser al dente kochen und abseihen. Unter die Sauce mischen, auf vorgewärmten Tellern anrichten und mit etwas frisch gehobeltem Parmesan bestreut servieren.

Pappardelle mit Steinpilzen

In ganz Italien weiß man mit feinen Pilzen gut umzugehen und mischt sie, in dünne Scheiben geschnitten, beispielsweise unter breite Pappardelle. Gerichte mit frischen Steinpilzen stehen im Herbst häufig auf den Speisekarten von Restaurants mit regionaler Küche. In dieser Zeit sind »porcini« auch die Favoriten italienischer Köche, wenn sie sich auf dem Markt nach Zutaten für ihre Pasta umsehen. Um sicherzugehen, dass beim Putzen der Pilze auch genügend übrig bleibt, sollte man eine größere Menge als im Rezept angegeben kaufen, um in jedem Fall auf das gewünschte »Nettogewicht« zu kommen.

Zutaten
400 g geputzte Steinpilze
80 g Zwiebeln
1 Knoblauchzehe
200 g Tomaten
1/2 l Fleischbrühe
400 g Pappardelle
Salz, frisch gemahlener weißer Pfeffer
3 EL sehr feines Olivenöl
60 g Parmaschinken, in feinen Streifen
2 EL gehackte Petersilie
Außerdem
frisch gehobelter Parmesan

Die vorbereiteten Steinpilze längs in Scheiben schneiden, wenn möglich sollte die ursprüngliche Pilzform noch zu sehen sein. Die Zwiebeln sehr fein würfeln. Die Knoblauchzehe schälen und fein hacken. Die Tomaten blanchieren, häuten, Stielansätze und Samen entfernen und das Fruchtfleisch klein würfeln.

Die Fleischbrühe zum Kochen bringen und auf etwa 1/3 der Menge einkochen lassen. Die Nudeln in sprudelndem Salzwasser in etwa 8 Minuten al dente kochen, abgießen und abtropfen lassen.

Das Olivenöl in einer entsprechend großen Pfanne erhitzen und die Zwiebel- und Knoblauchwürfel darin hell anschwitzen. Den in feine Streifen geschnittenen Parmaschinken kurz mitbraten. Die Pilzscheiben sowie die Tomatenwürfel zugeben, salzen, pfeffern und 4 bis 5 Minuten schmoren. Die reduzierte Fleischbrühe zugießen und alles zusammen bei Mittelhitze weitere 20 Minuten köcheln lassen, bis die Flüssigkeit fast vollständig verdampft ist.

Dann die Nudeln und die gehackte Petersilie zugeben, alles nochmals erhitzen. Mit reichlich frisch gehobeltem Parmesan servieren.

Gratinierte Spinatmakkaroni

Für ein solches Gratin sind Röhrennudeln mit geringem Durchmesser empfehlenswert, wie etwa Bucatini oder Perciatelli, aber auch die etwas stärkeren, ganz normalen Makkaroni taugen dafür. Achten sollte man beim Einkauf darauf, wirklich frischen, jungen Spinat zu bekommen, dessen Blätter nicht welk sind.

Zutaten
350 g Makkaroni oder Bucatini
400 g junger Spinat
300 g Tomaten
80 g Zwiebeln
2 Knoblauchzehen
3 EL Olivenöl
Salz, frisch gemahlener Pfeffer
100 g pikanter Schnittkäse, gewürfelt
Außerdem
Butter für die Form
1/2 TL gehackte Rosmarinnadeln
1/2 EL gehackter Thymian
40 g Butterflöckchen

Den Spinat verlesen, die entstielten Blätter gründlich waschen und in einem Sieb abtropfen lassen.
Die Tomaten blanchieren, häuten, vierteln, Samen und Stielansatz entfernen und das Fruchtfleisch in kleine Würfel schneiden. Die Zwiebeln und den Knoblauch schälen und beides fein hacken. Den Käse würfeln.

Die Makkaroni oder Bucatini in sprudelnd kochendem Salzwasser al dente kochen. Abseihen und die Nudeln gut abtropfen lassen. Inzwischen das Olivenöl in einer entsprechend großen Pfanne erhitzen und die Zwiebel- sowie die Knoblauchwürfel darin hell anschwitzen. Den abgetropften Spinat mit in die Pfanne geben und kurz erhitzen, so dass er gerade eben zusammenfällt. Mit Salz und Pfeffer würzen. Die Tomatenwürfel zufügen und kurz mit anschwitzen. Die Nudeln und die Käsewürfel dazugeben und alles vorsichtig miteinander vermengen.

Eine Auflaufform mit Butter fetten und die Nudel-Spinat-Mischung einfüllen. Mit gehacktem Rosmarin und Thymian bestreuen. Die Butterflöckchen auf den Nudeln verteilen und diese bei 200 °C im vorgeheizten Ofen etwa 20 Minuten überbacken.

Pasta alla Norma

Eine Oper von Vincenzo Bellini stand Pate für dieses Gericht, das nach Catania, der Heimatstadt des Komponisten, auch »Pasta catanese alla Norma« heißt. Die Wahl der Pasta ist hier nicht zwingend vorgeshrieben. »Pasta alla Norma« wird auf Sizilien statt mit Penne rigate auch schon mal mit Spaghetti zubereitet.

Zutaten
400 g Auberginen
400 g Penne rigate
Für die Tomatensauce
650 g Fruchtfleisch von Flaschentomaten
2 Knoblauchzehen, fein gehackt
9 EL Olivenöl
50 g Zwiebel, fein gehackt
Salz, frisch gemahlener Pfeffer
Außerdem
frische Basilikumblättchen
80 g frisch geriebener Pecorino

Die Tomaten würfeln. Den Knoblauch zerdrücken. 4 EL Olivenöl in einer Kasserolle erhitzen, Zwiebel und Knoblauch hell darin anschwitzen, Tomatenwürfel unterrühren, salzen und pfeffern. Köcheln lassen, bis die Flüssigkeit fast vollständig verdampft ist.
Die Auberginen in etwa 1 cm dicke Scheiben schneiden, salzen und pfeffern. Das restliche Öl in einer Pfanne erhitzen und die Scheiben darin von beiden Seiten knusprig braun anbraten.

Die Penne rigate oder Spaghetti in sprudelnd kochendem, leicht gesalzenem Wasser al dente kochen, abseihen, gut abtropfen lassen und mit der Tomatensauce vermischen. Nudeln und Auberginen auf Tellern anrichten, mit Basilikum sowie Pecorino bestreuen und sofort servieren.

AZIENDA AGRICOLA
Olio Extra Vergine di
PRODUCT OF ITALY

Fazzoletti mit Wachtelragout

Für den hellen Nudelteig
150 g Weizenmehl, 1 Ei, 1 Eigelb
$^1/_4$ EL Olivenöl, $^1/_2$ TL Salz
Für den grünen Nudelteig
200 g Spinat, 160 g Mehl , 5 bis 6 Eigelbe, 1 EL Olivenöl
$^1/_2$ TL Salz, 40 g Butter, frisch geriebene Muskatnuss
Für das Wachtelragout und die Tomatensauce
4 küchenfertige Wachteln (je etwa 170 g)
60 g Schalotten, 2 Knoblauchzehen
60 g Stangensellerie, 30 g Petersilienwurzel
30 g Möhre, 50 g Pancetta (Speck), 2 EL Öl
1 TL Mehl, $^1/_2$ l Geflügelfond, 2 EL gehackte Petersilie
600 g vollreife Tomaten, 15 kleine Basilikumblättchen, 75 g Butter
120 g kleine, geputzte Pfifferlinge
Salz, frisch gemahlener Pfeffer

Aus den angegebenen Zutaten einen hellen und einen grünen Nudelteig herstellen, wie auf Seite 10 beschrieben. Beide Teigsorten in Folie 1 Stunde ruhen lassen. Die Wachteln waschen; Keulen, Flügel und Brüste auslösen, salzen und pfeffern.
Die Schalotten und den Knoblauch schälen und fein hacken. Stangensellerie, Petersilienwurzel und Möhre schälen und fein würfeln. Den Speck würfeln.
Das Öl in einer Pfanne erhitzen und die Schalotten hell anschwitzen. Das gewürfelte Gemüse 2 bis 3 Minuten mitschwitzen, herausnehmen, beiseite stellen. Den Speck in der Pfanne anbraten, die Wachtelteile zufügen und bei starker Hitze rundum anbraten. Knoblauch untermischen und den Pfanneninhalt mit Mehl bestauben. Alles noch 3 bis 4 Minuten braten, mit dem Geflügelfond ablöschen und im offenen Topf schmoren, bis das Fleisch gar und die Flüssigkeit auf die Hälfte reduziert ist. Die Petersilie einrühren und würzen. Die Tomaten für die Sauce blanchieren, abschrecken, häuten und halbieren. Stielansatz und Samen entfernen und das Fruchtfleisch in kleine Würfel schneiden. Die Tomatenwürfel in Butter anschwitzen, 5 Minuten köcheln lassen. Mit Salz und Pfeffer würzen und die zerpflückten Basilikumblättchen einrühren.
Die beiden Teige mit der Nudelmaschine etwas stärker ausrollen und in 1,5 cm breite Streifen schneiden. Die Seitenränder mit etwas Wasser befeuchten. Helle und grüne Teigstreifen leicht überlappend aneinander legen und zu Teigplatten in der gewünschten Stärke ausrollen; anschließend den gestreiften Nudelteig in 12 Rechtecke von 10 × 8 cm schneiden. Die Fazzoletti in sprudelndem Salzwasser 3 bis 4 Minuten kochen, anschließend gut abtropfen lassen. Die Butter in einer Pfanne zerlassen und die geputzten Pfifferlinge darin einige Minuten anbraten, salzen und pfeffern.
Zum Anrichten der Fazzoletti je 1 Nudelblatt auf einen vorgewärmten Teller legen und jeweils $^1/_4$ der Tomatensauce darauf verteilen. Das nächste Nudelblatt auflegen und mit $^1/_4$ des Wachtelragouts belegen. Mit je einem Nudelblatt abschließen, darauf die Pfifferlinge verteilen und servieren.

Gnocchi mit Wildschweinragout

Für das Wildschweinragout
1,2 kg Wildschweinkeule mit Knochen
1 EL Wacholderbeeren
2 Lorbeerblätter
6 frische Salbeiblätter
600 ml trockener Rotwein
1 Zwiebel
1 Knoblauchzehe
100 g Möhren
80 g Stangensellerie
700 g Flaschentomaten
6 EL Olivenöl
3 EL Tomatenmark
400 ml Wildfond
Salz, frisch gemahlener weißer Pfeffer
Für die Gnocchi
1,2 kg mehlig kochende Kartoffeln
200 g Mehl
2 Eigelbe

Das Fleisch in eine passende Form legen. Die Wacholderbeeren, die Lorbeerblätter und die Salbeiblätter darüber verteilen und mit dem Rotwein übergießen. Mit Folie abdecken und 12 Stunden im Kühlschrank marinieren. Das Fleisch aus der Marinade nehmen und mit Küchenpapier trocken tupfen. Den Knochen auslösen und das Fleisch beiseite stellen. Die Marinade durch ein Sieb gießen, die Flüssigkeit und die Gewürze getrennt voneinander aufbewahren.

Die Zwiebel schälen und fein würfeln, die Knoblauchzehe schälen und durch die Knoblauchpresse drücken. Die Möhren sowie den Sellerie putzen und in grobe Stücke schneiden. Die Tomaten blanchieren, abschrecken, häuten, vom Stielansatz befreien und hacken.

Die Hälfte des Olivenöls bei mittlerer Hitze erhitzen und den Knochen 10 Minuten darin anbraten. Die Zwiebel, die Knoblauchzehe, die Möhren und den Sellerie zufügen und bei schwacher Hitze 2 Minuten unter ständigem Rühren Farbe nehmen lassen. Die Tomaten, die Gewürze aus der Marinade und das Tomatenmark dazugeben und alles einkochen lassen, bis die Flüssigkeit verdampft ist. $^1/_4$ l Marinade abmessen, zusammen mit dem Wildfond zugießen.

Den Topfinhalt etwa 3 Stunden schmoren lassen, dabei nach und nach die restliche Marinade zufügen. Die Sauce mit Salz und Pfeffer würzen und durch ein Sieb streichen. Das Wildschweinfleisch in kleine Würfel schneiden und in dem restlichen Olivenöl kräftig anbraten. Das Fleisch mit der Sauce ablöschen und etwa 20 Minuten schmoren lassen.

Für die Gnocchi die Kartoffeln mit der Schale 30 Minuten kochen, pellen und zerdrücken, solange sie noch warm sind. Den Teig zubereiten und Gnocchi formen, wie in der Bildfolge unten gezeigt. In einem großen Topf Salzwasser zum Kochen bringen und die Hitze reduzieren. Die Gnocchi portionsweise hineingeben. Sobald sie an die Oberfläche aufsteigen, mit einem Schaumlöffel herausheben, abtropfen lassen und warm stellen.

Die fertig gegarten Gnocchi auf einer vorgewärmten Platte anrichten, das Fleisch mit der Sauce darüber verteilen und servieren.

1 Für den Gnocchi-Teig die zerdrückten Kartoffeln mit dem Mehl und den Eiern auf eine Arbeitsfläche häufen. Die Zutaten auf der Arbeitsfläche möglichst rasch zu einem geschmeidigen, glatten Teig verkneten.

2 Aus dem Teig 2 cm dicke Stränge rollen. Diese nebeneinander legen und 3 cm lange Stücke abschneiden.

3 Jedes Teigstück über eine Raspel rollen, um die Gnocchi mit einem Gittermuster zu versehen.

Gnocchi alla romana

Die außerhalb Italiens bekanntesten Gnocchi sind sicherlich diejenigen, deren Teig aus einer Mischung von gekochten Kartoffeln und Weizenmehl hergestellt wird. In Rom dagegen bereitet man Gnocchi traditionell aus Maisgrieß (Polenta) zu und serviert sie als »primo piatto« mit zerlassener Butter überbacken und dazu eine pikante Tomatensauce.

Für die pikante Tomatensauce
500 g vollreife, saftige Tomaten
80 g Zwiebeln
1 Knoblauchzehe
1 kleine rote Peperoni
5 EL Olivenöl
2 EL gehackte Petersilie
1 EL gehackte Kräuter (Oregano, Salbei, Rosmarin)
100 ml Fleischbrühe
30 g gesalzene Ricotta, Salz nach Belieben
Für die Polenta
1 TL Salz
150 g Maisgrieß (mittlere Körnung)
Für die Kräuterbutter
1 Knoblauchzehe
100 g Butter
2 EL gehackte Kräuter (Petersilie, Oregano, Rosmarin)
Außerdem
Butter für die Form
40 g frisch geriebener Parmesan

Für die Sauce die Tomaten blanchieren, häuten, halbieren, Stielansatz sowie Samen entfernen und das Fruchtfleisch klein würfeln. Die Zwiebeln schälen und fein würfeln. Die Knoblauchzehe schälen und in Scheibchen schneiden. Die Peperoni waschen, der Länge nach halbieren, von Samen sowie Scheidewänden befreien und fein hacken.

In einer entsprechend großen Stielkasserolle das Olivenöl erhitzen, die Zwiebel- und die Knoblauchwürfel darin hell anschwitzen. Die Petersilie, die übrigen gehackten Kräuter sowie die Peperoni zusammen mit den gewürfelten Tomaten zugeben, mit der Fleischbrühe aufgießen und 20 Minuten bei geringer Hitze zugedeckt schmoren lassen.

In der Zwischenzeit für die Polenta $^1/_2$ l Wasser mit dem Salz in einem Topf zum Kochen bringen. Den Maisgrieß mit der einen Hand langsam in das kochende Wasser rieseln lassen und gleichzeitig mit der anderen Hand mit einem Holzlöffel kräftig rühren, damit sich keine Klumpen bilden. Diese entstehen vor allem, wenn die Temperatur des Wassers unter den Siedepunkt fällt, was leicht passiert, wenn man den Grieß zu schnell hineinschüttet.

Solange der Brei noch nicht eingedickt ist, spritzt es nach allen Seiten, deshalb empfiehlt es sich, ein Tuch über den Topf zu legen. Die Polenta immer im Uhrzeigersinn rühren, bis sie sich vom Topf löst. Das dauert etwa 20 Minuten. Den Maisbrei auf ein nasses Brett schütten, mit einem Spatel 1 cm dick ausstreichen und abkühlen lassen.

Für die Kräuterbutter die Knoblauchzehe schälen und durch eine Knoblauchpresse drücken. Die Butter in einem Topf zerlassen und den Knoblauch darin kurz anschwitzen. Die Kräuter einrühren und den Topf beiseite stellen.

Gnocchi ausstechen, wie unten gezeigt. Auflaufform mit Gnocchi und Kräuterbutter bei 220 °C in den vorgeheizten Ofen schieben. Die Gnocchi 11 Minuten backen und zum Schluss noch 1 Minute unter den Grill stellen. Vor dem Servieren die gesalzene Ricotta in die Tomatensauce einrühren, vorsichtig mit Salz abschmecken und die Sauce separat zu den Polenta-Gnocchi servieren.

1 Mit einem Ring von 6,5 cm Durchmesser ovale Scheiben ausstechen.

2 Die Gnocchi dachziegelartig in eine gebutterte Auflaufform schichten.

3 Mit Parmesan bestreuen und die zerlassene Kräuterbutter darüber verteilen.

Gnocchi in Tomatensauce

Für die Gnocchi
900 g mehlig kochende Kartoffeln
150 g Mehl, 2 Eigelbe, Salz
Für die Tomatensauce
800 g Flaschentomaten
70 g Möhren, fein gewürfelt
120 g Stangensellerie, 120 g Zwiebeln
1 TL Salz, frisch gemahlener schwarzer Pfeffer
1 Prise Zucker, 4 EL Olivenöl
1 EL in Streifen geschnittenes Basilikum
1 TL Thymianblättchen
Außerdem
Butter für die Form
40 g frisch geriebener Pecorino
30 g frisch geriebener Parmesan
20 g Butterflöckchen

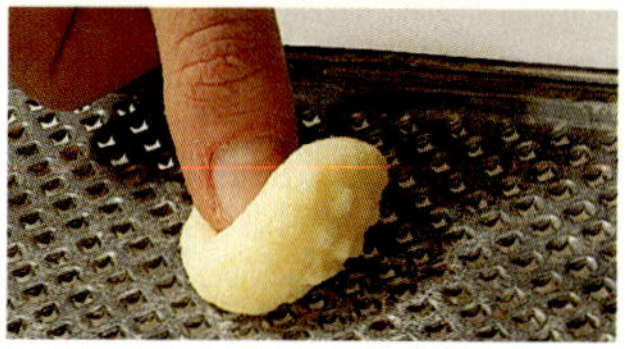

Die Teigstränge etwas platt drücken und mit einem scharfen Messer etwa 1 cm lange Stücke abschneiden.
Die Gnocchi einzeln über die Rückseite einer Gemüseraspel rollen, um ein dekoratives Gittermuster zu erhalten.

Die Kartoffeln mit der Schale einzeln in Alufolie wickeln. Bei 200 °C im vorgeheizten Ofen etwa 1 Stunde garen. Die Tomaten waschen, halbieren, Stielansatz und Samen entfernen und das Fruchtfleisch klein schneiden. Die Möhren und den Stangensellerie schälen beziehungsweise putzen und in feine Würfel schneiden. Die Zwiebeln schälen und fein hacken. Alles in einen Topf füllen und zugedeckt bei niedriger Temperatur etwa 40 Minuten köcheln lassen. Mit Hilfe eines Löffels durch ein grobmaschiges Sieb in eine Kasserolle passieren. Das am Sieb anhaftende Püree abstreifen und unterrühren.
Die gebackenen Kartoffeln schälen. Das Mehl auf eine Arbeitsfläche häufen, in die Mitte eine Mulde drücken. Eigelb und Salz hineingeben. Die noch warmen Kartoffeln durch eine Kartoffelpresse kranzförmig auf den Mehlrand drücken und alles zügig zu einem glatten Teig verkneten.
Den Teig zu zwei Strängen von jeweils 2 cm Durchmesser rollen und mit Mehl bestäuben. Weiterverfahren, wie in den Bildern oben gezeigt. Die Gnocchi in sprudelnd kochendes Salzwasser einlegen und die Hitze reduzieren. Sobald sie an die Oberfläche steigen, sind die Gnocchi gar. Herausnehmen und abtropfen lassen.
Die Tomatensauce noch einmal kurz erwärmen und mit Salz, Pfeffer sowie Zucker würzen. Das Olivenöl löffelweise unterrühren. Basilikum und Thymian einstreuen.
Die Gnocchi unter die Sauce mischen und in eine gebutterte Auflaufform füllen. Mit Pecorino sowie Parmesan bestreuen und Butterflöckchen drauf setzen. Bei 200 °C im vorgeheizten Ofen 15 bis 20 Minuten gratinieren.

Pizzoccheri mit Salbei

Für den Buchweizenteig
300 g Buchweizenmehl
150 g Weizenmehl Type 405
$^1/_2$ TL Salz
300 ml Wasser
Für die Sauce
250 g Kartoffeln
300 g Casera-Käse
200 g Blattmangold
2 Knoblauchzehen
150 g Butter
8 Salbeiblätter
100 g frisch geriebener Parmesan

Nach dem Rezept auf Seite 56 die Pizzoccheri mit Buchweizenmehl zubereiten. Kartoffeln schälen, in 1 cm große Würfel schneiden. Den Casera-Käse ebenfalls 1 cm groß würfeln. Mangold waschen, in Streifen schneiden. Knoblauch schälen und in dünne Scheiben schneiden.

Reichlich Salzwasser aufkochen und die Kartoffelwürfel hineingeben. Nach 10 Minuten die Nudeln zufügen und nach weiteren 8 bis 10 Minuten den Mangold noch für 2 Minuten mitkochen, dann alles abgießen.

Die Butter zerlassen, den Knoblauch darin hell anschwitzen und die Salbeiblätter einlegen. Die Nudel-Kartoffel-Mischung zur Hälfte in eine Schüssel füllen. Die Käsewürfel einschichten und mit der restlichen Nudel-Kartoffel-Mischung bedecken. Mit Salbeibutter übergießen, mit Parmesan bestreuen und servieren.

1 Für die Pizzoccheri das Buchweizen- und das Weizenmehl zusammen in eine Schüssel sieben und mit Salz vermengen. Dann das Wasser schnell und zügig mit einer Gabel unterrühren.

2 Sobald das Wasser aufgenommen ist, die Zutaten auf einer bemehlten Arbeitsfläche zu einem glatten Nudelteig kneten. Sollte der Teig zu hart und krümelig werden, kann ein Ei untergearbeitet werden.

3 Den Teig in 4 gleich schwere Stücke teilen und jeweils zu einer 2 mm dicken Platte ausrollen, dabei immer wieder mit Mehl bestauben, damit er nicht am Nudelholz klebt.

4 Die Teigplatten mit Buchweizenmehl bestauben und etwas antrocknen lassen. Die Platte in 5 cm breite Bänder schneiden.

5 Die geschnittenen Bänder so aufeinander legen, dass die Kanten bündig abschließen. Anschließend 5 mm breite, kurze Nudeln abschneiden.

6 Die geschnittenen Nudeln auf ein sauberes Küchentuch legen und die nächsten Platten in der gleichen Weise verarbeiten.

Orecchiette mit Rucola und Pecorino

Orecchiette, zu deutsch Öhrchen, macht man in Apulien und in den Abruzzen oft noch selbst. Dazu werden kleine Kugeln aus einem Nudelteig ohne Eier einfach in der Mitte mit dem Daumen eingedrückt und so in die entsprechende Form gebracht.

Zutaten
350 g Orecchiette
Für die Sauce
500 g vollreife Tomaten
80 g Zwiebeln
4 EL Olivenöl
Salz, frisch gemahlener Pfeffer
80 g schwarze Oliven
Für die Rucola-Schinken-Mischung
100 g Rucola, Salz
150 g luftgetrockneter Schinken
3 Knoblauchzehen
2 EL Olivenöl
Außerdem
120 g frisch geriebener Pecorino

Die Tomaten blanchieren, häuten, Stielansatz sowie Samen entfernen und das Fruchtfleisch fein würfeln. Die Zwiebeln schälen und fein würfeln. Das Olivenöl in einer Kasserolle erhitzen und die Zwiebeln darin hell anschwitzen. Die Tomaten zufügen, salzen und pfeffern. Bei mittlerer Hitze köcheln lassen, bis die Tomaten fast zerfallen sind. Die Oliven untermischen und die Sauce zur Seite stellen.

Die Nudeln in sprudelnd kochendem Salzwasser 12 bis 15 Minuten kochen; Orecchiette brauchen vergleichsweise lange, bis sie weich sind.

Den Rucola putzen, waschen und sorgfältig trocken schleudern. Den Schinken klein schneiden. Den Knoblauch schälen, in hauchdünne Scheibchen schneiden.

Das Olivenöl in einer separaten Kasserolle erhitzen, den Knoblauch und den Schinken darin unter ständigem Rühren kurz anbraten. Den Rucola 1 Minute unter Rühren mitbraten, alles zur Seite stellen. Die Nudeln unter die Rucola-Schinken-Mischung rühren. Mit der Tomatensauce auf Tellern anrichten, mit dem geriebenen Käse bestreuen und sofort servieren.

Stringoli mit Tomatensauce

Vor allem zu kompakteren Pastaformen wie den Stringoli aus Süditalien oder den Orecchiette aus Apulien passt eine Rucola-Tomaten-Sauce hervorragend.

Für den Nudelteig
300 g Weizenmehl Type 405
100 g Hartweizengrieß
2 Eier
2 EL gehackte Petersilie
1 TL Salz
2 EL Olivenöl
Für die Tomatensauce
60 g weiße Zwiebel
1 Knoblauchzehe, geschält
20 g Rucola
500 g Fruchtfleisch von Flaschentomaten
3 EL Olivenöl
Salz, frisch gemahlener Pfeffer
Für die Garnitur
$^1/_2$ Bund Rucola
Pflanzenöl zum Frittieren
2 EL Mascarpone
1 EL Sahne

Aus den Zutaten einen Nudelteig kneten, in Folie wickeln und 1 Stunde ruhen lassen. Aus dem Teig etwa 10 cm lange, dünne Stränge formen, diese auf einer bemehlten Fläche 15 Minuten antrocknen lassen.

Für die Sauce Zwiebel und Knoblauch fein hacken. Rucola von den Stielen befreien, waschen, trocken schleudern und die Blätter fein hacken. Das Tomatenfruchtfleisch fein würfeln. Öl erhitzen, Zwiebeln und Knoblauch darin hell anschwitzen. Tomaten zufügen und bei geringer Hitze 10 Minuten köcheln lassen, salzen, pfeffern und den Rucola untermischen.

Für die Garnitur den Rucola wie oben beschrieben vorbereiten, in erhitztem Öl portionsweise frittieren. Mascarpone mit der Sahne verrühren. Die Nudeln in sprudelnd kochendem Salzwasser 10 bis 15 Minuten al dente kochen, abseihen. Mit Tomatensauce, frittiertem Rucola und einem Tupfer Mascarpone anrichten.

Makkaroniauflauf

Für den Nudelteig
200 g Mehl, 2 Eier
1 TL Öl, Salz
Wasser nach Bedarf
15 g gehackte Kräuter (Salbei, Thymian, Petersilie)
Für die Füllung
300 g Makkaroni
200 g Kaninchenleber, 250 g Kaninchenfleisch, küchenfertig
80 g Zwiebeln, 70 g Möhren
70 g Knollensellerie, $^{1}/_{2}$ Bund Petersilie
50 g schwarze Oliven
100 g Champignons
2 EL Olivenöl, 100 ml Rotwein
1 EL Tomatenmark, 200 ml Kalbsfond
Salz, gemahlener Pfeffer, 25 g Butter
120 g frisch geriebener Asiago-Käse

Zunächst alle Zutaten für den Nudelteig miteinander verrühren, dann zu einem geschmeidigen Teig verkneten. In Folie wickeln und 1 Stunde kühl ruhen lassen.
Für die Füllung die Kaninchenleber putzen und klein schneiden. Das Kaninchenfleisch durch die mittlere Scheibe des Fleischwolfs drehen. Das Gemüse schälen und klein würfeln. Die Petersilie waschen, von den groben Stielen befreien und fein hacken. Die Oliven klein hacken. Die Champignons putzen und in feine Scheiben schneiden. Das Olivenöl erhitzen und das Gemüse darin hell anschwitzen. Das Fleisch kurz mitbraten. Mit dem Wein ablöschen und diesen etwas reduzieren. Das Tomatenmark einrühren. Den Fond angießen, die Petersilie einstreuen, salzen und pfeffern. Alles bei geringer Hitze 20 Minuten schmoren. Die Oliven 5 Minuten mitschmoren. In einer Pfanne die Butter zerlassen, Pilze sowie Leber darin kurz anbraten und im letzten Moment zur Fleischsauce geben.

Die Makkaroni in kochendem Salzwasser al dente kochen, abseihen, kalt abschrecken. Den Nudelteig auf einer bemehlten Arbeitsfläche zu 3 dünnen Platten von etwa 26 × 18 cm ausrollen. Nacheinander in kochendem Salzwasser etwa 2 Minuten kochen, herausnehmen und gut abtropfen lassen.
Die erste Teigplatte in eine gefettete Form legen. Eine Schicht Makkaroni einfüllen, darauf die Hälfte der Fleischmasse geben und mit $^{1}/_{3}$ des Käses bestreuen. Den Vorgang wiederholen. Die letzte Schicht ist eine Teigplatte. Mit dem restlichen Käse bestreuen und mit Butterflöckchen belegen. Bei 200 °C im vorgeheizten Ofen 30 Minuten backen.

Die Asiago-Laibe tragen, deutlich erkennbar, das eingebrannte, geschützte Gütesiegel. Zum Reiben besonders geeignet ist der bis zu einem Jahr gereifte Asiago piccante.

Lasagne bolognese

Für die Zubereitung der Bologneser Fleischsauce können Sie statt Rindfleisch ebenso gut Lamm verwenden. Was die Nudelblätter anbelangt, so schmecken sie natürlich frisch am besten, ersatzweise kann man aber auf getrocknete zurückgreifen; in diesem Fall benötigt man 16 fertige Lasagneblätter.

Zutaten:
600 g frische weiße Lasagneblätter
Für die Bologneser Fleischsauce
60 g Zwiebel, 70 g Möhre
50 g Petersilienwurzel
80 g Stangensellerie, 40 ml Öl
40 g Butter, 500 g gehacktes, mageres Rindfleisch
2 EL Tomatenmark
250 g gehäutete Tomaten aus der Dose mit Saft
Salz, frisch gemahlener Pfeffer
1 EL gehackte Petersilie, 1 TL gehackte Thymianblättchen
1 TL gehacktes Basilikum, $^1/_8$ l kräftige Fleischbrühe
$^1/_8$ l Rotwein
Für die Béchamelsauce
25 g Butter, 30 g Mehl
$^1/_2$ l Milch, Salz, frisch gemahlener weißer Pfeffer
1 Messerspitze frisch geriebene Muskatnuss
Außerdem
Form von 30 × 20 cm
Butter für die Form
80 g frisch geriebener Parmesan

Für die Fleischsauce die Zwiebel fein würfeln. Die Möhre, den Stangensellerie inklusive der Blätter und die Petersilienwurzel putzen und sehr fein hacken.

In einer Kasserolle das Öl mit der Butter erhitzen, das Hackfleisch zugeben und kräftig anbraten, bis es krümelig zerfällt. Das vorbereitete Gemüse und das Tomatenmark zufügen und kurz durchschwitzen. Die Tomaten mit dem Saft, den Gewürzen und den Kräutern einrühren und die Brühe mit dem Wein angießen. Alles zusammen 50 Minuten köcheln lassen.

Für die Béchamelsauce die Butter zerlassen, das Mehl einrühren und anschwitzen, ohne es dabei Farbe nehmen zu lassen. Die Milch zugießen, glatt rühren und zum Kochen bringen. Die Béchamelsauce mit Salz, Pfeffer sowie Muskat würzen und bei schwacher Hitze 20 Minuten unter ständigem Rühren köcheln lassen, vom Herd nehmen und durch ein Sieb passieren.

Getrocknete Lasagneblätter in sprudelnd kochendem Salzwasser 5 Minuten vorgaren, bei frischen Blättern genügen 3 Minuten. Die Nudelplatten vorsichtig herausheben, einzeln glatt auslegen und mit einem feuchten Tuch abdecken.

Den Boden der Form mit Butter fetten und als erste Lage 4 Lasagneblätter leicht überlappend einlegen. Weiterverfahren, wie unten gezeigt. Die Lasagne im vorgeheizten Ofen bei 180 °C etwa 40 Minuten backen, bis die Oberfläche leicht gebräunt ist.

1 Den Boden einer Form mit 4 Lasagneblättern leicht überlappend belegen. Die Hälfte der Fleischsauce in die Form einfüllen und gleichmäßig verstreichen.

2 Erneut 4 Lasagneblätter überlappend einlegen. Darauf die Hälfte der Béchamelsauce verteilen.

3 Den gesamten Vorgang noch einmal wiederholen. Abschließend die restliche Béchamelsauce darauf verteilen und mit dem Parmesan bestreuen.

Penne rigate
mit Steinpilzen in Sahne

Zu Teigwaren passt das herrliche Aroma frischer Steinpilze ausgezeichnet. Hier kommen sie »alla panna«, in einer feinen Sahnesauce, zusammen mit Parmaschinken bestens zur Geltung.

Zutaten
400 g Penne rigate
500 g frische Steinpilze
100 g Parmaschinken
$^1/_2$ l Sahne
30 g Butter
60 g Zwiebel, fein gewürfelt
40 g Petersilienwurzel, fein gehackt
2 EL fein gehackte Petersilie
Salz, frisch gemahlener Pfeffer
Außerdem
frisch geriebener Parmesan

Die Steinpilze sorgfältig putzen, es sollten mindestens 350 g übrig bleiben, und längs in Scheiben schneiden. Parmaschinken zunächst in 2 mm starke Scheiben und diese in Würfel von etwa 1 cm Kantenlänge schneiden. Die Sahne bei schwacher Hitze auf etwa die Hälfte reduzieren.

Die Butter zerlassen, Zwiebel und Petersilienwurzel darin hell anschwitzen. Die Pilze und den Schinken unter Rühren kurz mitbraten. Die reduzierte Sahne zugießen, die Petersilie einstreuen und alles bei geringer Hitze köcheln, bis die Pilze gar sind. Das dauert nur wenige Minuten.

Die Nudeln al dente kochen und abgießen. Sofort mit der Sauce vermischen, salzen und pfeffern. Auf vorgewärmte Teller verteilen, mit Parmesan bestreuen und servieren.

Mit einer delikaten Steinpilz-Sahne-Sauce schmecken selbst die rustikalen Penne rigate einfach genial. Wer das Pilzaroma noch steigern möchte, mischt noch einige Gramm getrocknete Steinpilze unter die Sauce. Diese müssen dafür vorher 30 Minuten eingeweicht und fein gehackt werden.

Gratinierte Gemüsenudeln

Zutaten
250 g Aubergine
200 g Zucchini
100 g Stangensellerie
170 g Tomatenfruchtfleisch
60 g Zwiebel, fein gehackt
1 Knoblauchzehe, fein gehackt
4 EL Olivenöl, 1 TL Thymian, gehackt
1 TL Salbei, gehackt
Salz, frisch gemahlener schwarzer Pfeffer
$^{1}/_{8}$ l trockener Rotwein
300 g Nudeln (z. B. Rigatoni oder Tortiglioni)
Für die Käsesauce
100 g frisch geriebener Pecorino
200 ml Sahne
3 Eigelbe
1 EL gehackte Kräuter
Salz, frisch gemahlener Pfeffer
frisch geriebene Muskatnuss
Außerdem
Butter für die Form
50 g zerlassene Butter

Die Auberginen vom Stielansatz befreien und 1 cm groß würfeln. Zucchini und Sellerie in Scheibchen schneiden. Die Tomaten fein würfeln. Zwiebel und Knoblauch in erhitztem Öl hell anschwitzen. Das übrige Gemüse bei starker Hitze 4 bis 5 Minuten mitbraten. Tomaten, Gewürze und den Wein zufügen. Bei offener Pfanne und mittlerer Hitze dünsten, bis das Gemüse weich und der Wein auf die Hälfte reduziert ist.

Die Nudeln al dente kochen und mit dem Gemüse mischen. Eine Gratinform mit Butter ausstreichen und die Mischung einfüllen. Pecorino mit Sahne und Eigelb verrühren, Kräuter (Petersilie, Liebstöckel, Majoran und Rosmarin) untermischen. Mit Salz, Pfeffer und Muskatnuss würzen. Die Sauce darüber verteilen. Bei 200 °C im vorgeheizten Ofen 20 bis 25 Minuten backen.

Das delikate Gemüsegratin während des Überbackens wiederholt mit zerlassener Butter beträufeln – dadurch erhält es eine schöne, glänzende Kruste.

Ravioli mit Spinat-Ricotta-Füllung

Für den Teig
300 g doppelgriffiges Weizenmehl Type 405
2 Eier, 4 Eigelb
1/3 TL Salz

Für die Füllung
300 g junger Blattspinat, Salz
200 g Ricotta
frisch gemahlener Pfeffer
frisch geriebene Muskatnuss
100 g frisch geriebener Parmesan
2 Eigelb

Außerdem
1 Ravioliform
1 Eiweiß zum Bestreichen
6 Salbeiblätter, 80 g Butter
frisch geriebener Parmesan

1 Spinat, Ricotta, 1/2 TL Salz und die restlichen Zutaten für die Füllung in der Schüssel vorsichtig zu einer glatten Masse verrühren.

2 Die erste Teigplatte in die Ravioliform legen und die Füllung einsetzen. Den Teig mit etwas Eiweiß bestreichen.

3 Die zweite Teigplatte darauf legen und mit einem Nudelholz vorsichtig darüber rollen, ohne die Füllung zu verschieben.

Das Mehl auf eine Arbeitsfläche sieben, in die Mitte eine Mulde drücken. Die Eier, das Eigelb sowie Salz hineingeben und mit einer Gabel verrühren, dabei immer mehr Mehl vom Rand mit einarbeiten. Mit beiden Händen zu einem glatten Teig verkneten. Bei Bedarf etwas Wasser untermischen, in Folie wickeln und den Teig 1 Stunde ruhen lassen.
Für die Füllung Spinat putzen und 1 bis 2 Minuten in leicht gesalzenem Wasser blanchieren. Abgießen, in Eiswasser abschrecken, gut abtropfen lassen und ausdrücken. Den Spinat grob hacken, in eine entsprechend große Schüssel füllen und weiterverfahren, wie im ersten Bild oben gezeigt.
Den Teig zu zwei dünnen Platten ausrollen und die leicht mit Mehl bestaubte Ravioliform mit einer der Platten auslegen. Die Ravioli füllen, wie auf Bild 2 und 3 oben zu sehen.
Die gefüllten Ravioli vorsichtig aus der Form nehmen. In sprudelndem Salzwasser 4 bis 5 Minuten kochen, herausheben und gut abtropfen lassen. Die Salbeiblätter in Streifen schneiden. Die Butter zerlassen, den Salbei darin kurz schwenken. Die Nudeln auf Teller verteilen, mit der Salbeibutter beträufeln und mit Parmesan bestreut servieren.

Glossar

agnolotti	Kleine, viereckige gefüllte Pastakissen, ähnlich den Ravioli
al dente	Der richtige Garpunkt von Nudeln; sie sollten noch ein klein wenig »Biss« haben, aber nicht mehr hart sein
asiago	Halbfetter Halbhartkäse aus Kuhmilch
bucatini	Dicke, lange Röhrennudeln
cannelloni	Große, gefüllte Nudelrollen
conchigliette	Muschelähnliche Formnudeln mit geriffelter Oberfläche
fazzoletti	Nudeln in Form von Lasagneplatten
fettuccine	Lange, flache Bandnudeln; etwas schmaler und dicker als Tagliatelle
fontina	Vollfetter Halbhartkäse aus dem Aostatal
fusilli	Spiralnudeln
garganelli	Handgeformte geriffelte Röhrennudeln, etwa 5 cm lang und 1 cm breit. Haben zwei spitze Enden und sehen aus wie ein Federkiel
gnocchetti	Kleine Gnocchi
gnocchi	Kleine Klößchen aus Kartoffelteig
guanciale	Eingesalzene und ein paar Monate luftgetrocknete Schweinebacke
maccheroni	Lange Röhrennudeln
mozzarella	Gebrühter Frischkäse (»Filata-Käse«)
orecchiette	Nudeln ohne Ei in Form von kleinen Öhrchen. Man kann sie leicht selbst machen: Dazu einen schmalen Teigstrang in kleine Scheiben schneiden und mit dem Daumen auf die Arbeitsfläche drücken
pancetta	Schweinebauch, gesalzen, jedoch in der Regel nicht geräuchert; wird meist in Form von durchwachsenem Speck verwendet
pansooti	Gefüllte Teigtaschen aus Hartweizengrieß, Weizenmehl und Eiern. Ligurische Spezialität
pappardelle	1,5 bis 2 cm breite, flache Bandnudeln
parmigiano	Hartkäse aus Kuhmilch
penne rigate	Geriffelte Röhrennudeln, die schräg abgeschnitten werden
peperoncini	Chilischoten, nicht zu verwechseln mit Gemüsepaprika oder Peperoni. Werden als Gewürz verwendet
perciatelli	Lange, dünne Röhrennudeln
pizzoccheri	Kurze, flache Nudeln aus einem Drittel Weizen- und zwei Dritteln Buchweizenmehl
ricotta	Weicher Frischkäse
spaghetti alla chitarra	Spaghetti mit viereckigem Profil
stringoli	Längliche, bohnenförmige kleine Nudeln aus Weizenmehl, Hartweizengrieß, Eiern und gehackter Petersilie
tagliatelle	Lange, flache, feine Bandnudeln, etwa 5 mm breit
tortellini	Gefüllte Pastataschen, ähnlich den Ravioli.